AF250954

DES
CANDIDATURES
OFFICIELLES

PAR

M. DUPONT-WHITE

DEUXIÈME ÉDITION

PARIS

LIBRAIRIE DE GUILLAUMIN ET Cᵒ, ÉDITEURS

De la Collection des Principaux Économistes, des Économistes et Publicistes contemporains
de la Bibliothque des sciences morales et politiques, du Dictionnaire
de l'Economie politique et du Dictionnaire du Commerce et de la Navigation, etc.

RUE RICHELIEU, 14.

1869

CANDIDATURES OFFICIELLES

Je ne sache pas de question plus opportune que celle-ci, puisque nous touchons à des élections générales. Aussi bien on ne peut en imaginer de plus grande, puisque le suffrage universel, notre maître, apparaît de toutes parts en ce sujet, avec des solutions diverses mais également impérieuses.

Ce n'est pas que la question naisse uniquement du suffrage universel. En tout pays libre on peut se demander s'il convient que le gouvernement paraisse en ces opérations électorales qui font la liberté du pays, c'est-à-dire sa part et son droit au gouvernement. Mais le suffrage universel apporte ici une nouveauté, une transcendance de considérations qui lui est propre ; les uns disant qu'il n'est pas permis de toucher à un pareil souverain ; les autres qu'il importe de l'éclairer, sous peine de toutes les catastrophes ; quelques-uns n'osant pas dire que le suffrage universel, avec ou sans lumières, aura toujours besoin d'être dirigé et maîtrisé absolument. Toutefois, à travers ces généralités, n'oublions pas une dernière hypothèse, une dernière face du sujet, qui a tout le poids de l'à-propos et de l'urgence.

On peut en effet supposer un pays où l'opinion, longtemps régentée, soit par des candidatures officielles, soit par une certaine compression des journaux, est devenue obscure et problématique; où le gouvernement, réduit aux seules informations de ses fonctionnaires, se sent mal informé et tombe dans les irrésolutions les plus visibles; où cependant les plus graves questions, religieuses et extérieures, vont s'accumulant chaque jour; où l'on aperçoit enfin une de ces crises qui entraînent dans tous les temps, sous une forme ou sous une autre, un appel au pays. Étant donnée cette situation, il faut se demander si elle ne conclut pas à des élections absolument libres; liberté qui est la vraie forme, le vrai procédé pour manifester l'opinion du pays, et pour communiquer à ses gouvernants ce qui leur manque le plus, une lumière, une impulsion. Il me semble que cette hypothèse est notre fait, et que nous en sommes là depuis deux ans surtout.

Ainsi, trois questions à ce sujet : 1° une question générale qui peut s'agiter en tout pays libre, c'est-à-dire représenté par des mandataires politiques : Est-il permis au pouvoir politique d'agir sur le choix de ces mandataires, ou bien doit-il s'abstenir de toute action, comme ferait un étranger sans intérêt dans cette opération, ou comme un plaideur sans droit sur la nomination de ses juges? 2° Une question plus restreinte, relative à la France et au suffrage universel : Y a-t-il en France une telle variété, une telle hostilité de classes que les plus nombreuses doivent être tenues en échec par le pouvoir exécutif allié aux moins nombreuses sur le terrain électoral ? 3° Une question transitoire, toute relative à la situation actuelle, née de la crise ou plutôt des obscurités que nous traversons : Peut-on faire autre chose aujourd'hui, *hic et nunc*, que de laisser les élections libres, si l'on veut savoir l'opinion du pays, cette inconnue qui sera seule une solution, cette force dont on ne peut se passer, qui n'a de contempteur nulle part, mais qui est mal connue pour être mal observée, mal interrogée, c'est-à-dire par la voie administrative seulement, tandis qu'elle pourrait l'être en plein jour et tout haut par la voie constitutionnelle des élections?

Pour plus de lumière, nous allons commencer par la fin.

§ 1ᵉʳ.

Convient-il que *les élections prochaines* soient absolument libres? A cette question et dans les limites de cette question, je réponds oui. Je ne pose pas en principe que le pouvoir exécutif, gérant du bien public et organe du droit dans la société, doit s'effacer à l'heure des élections. Je ne professe pas que ces opérations, capables à l'occasion de créer le gouvernement tout entier (au lieu du simple contrôle qui leur semble dévolu), doivent être livrées aux partis. Je dis seulement qu'aujourd'hui en France la liberté électorale est l'expédient de lumière et de salut. Il n'échappera à personne que la liberté peut être cet expédient tout comme la dictature ; seulement il est clair que la dictature et la liberté ne peuvent réussir dans les mêmes cas. Pour démêler où chacune est applicable, il faut reconnaître d'où viennent les vices ou les dangers d'une situation. Si de telles choses apparaissent dans un pays libre, s'il y a péril et anxiété chez une nation qui se gouverne elle-même, si enfin une société tombe dans un état d'alarme et de souffrance où elle conçoit des doutes sur la valeur de ses institutions qui ont laissé venir la crise, c'est un signe pour elle qu'il faut modifier ou suspendre ses institutions, y introduire quelque chose de nouveau pour des circonstances nouvelles et menaçantes, enfin que ses lois ne suffisent plus et qu'il faut user d'expédient. Dans le pays libre que nous avons supposé, l'expédient tout indiqué c'est la dictature ; n'oubliez pas qu'elle a été inventée parmi les Romains, à côté des tribuns, du forum, des plébiscites. Maintenant renversons l'hypothèse : supposons un pays étranger à ses affaires et livré au pouvoir absolu, où néanmoins le trouble des esprits, l'inquiétude des intérêts, les antipathies de classes ont fini par revêtir le caractère d'une crise... allez vous dans ce pays continuer et aggraver le pouvoir absolu ? Mais ce serait aggraver le mal. Allez-vous imaginer la dictature, quand elle est déjà dans les institutions ? De bonne foi, pouvez-vous invoquer contre un mal la cause qui a fait le mal ? Pouvez-vous employer comme un moyen de salut le régime même où est né le péril ?

Non vraiment; dans cette hypothèse le remède qui guérira, l'expédient sauveur, c'est la liberté. L'histoire tout entière vient confirmer cet aperçu du bon sens : Notre histoire, remarquez-le bien, où se déploie le pouvoir absolu, et qui n'est pas néanmoins sans quelque lueur de liberté, c'est-à-dire sans appel au pays, sans états généraux çà et là; or cette brèche faite au despotisme est toujours venue des périls, des angoisses que le despotisme avait attirés sur le pays.

Ainsi l'on peut dire que la liberté est un expédient tout comme la dictature, et que l'expédient libéral est seul applicable aux crises d'un pays sans liberté. Mais sommes-nous ce pays à situation critique, à régime absolu? En outre, cette situation vient-elle de ce régime? Et, dans le cas de l'affirmative, le genre de liberté voulu pour le genre de crise que nous subissons, est-il tout particulièrement la liberté électorale? C'est ce qui nous reste à examiner.

Ici, j'ai hâte tout d'abord, pour rentrer dans le vrai, de retirer ou d'atténuer ces mots de *pouvoir absolu*, qui sont de trop pour qualifier le gouvernement sous lequel nous vivons. Il n'est pas absolu, soit en vertu de la Constitution, soit par le vice des personnes et des circonstances; mais il est personnel et prépondérant, par le fait de ses attributions, par le prestige du nom qu'il porte et même des services qu'il a rendus, dit-on, en certains moments, à l'ordre public et au drapeau français. Sans doute, il admet une tribune et des journaux, où l'on dit à peu près tout; mais, en définitive, il impose le silence quand bon lui semble, et il obtient les votes qu'il lui plaît. Il ne fait peut-être pas, il ne veut peut-être pas tout ce qu'il peut; mais la vérité est que, jusqu'à présent du moins, il a fait tout ce qu'il a voulu, nonobstant une certaine apparence d'institutions qui semblent établies pour réprimer ou éclairer sa volonté.

« Mais, direz-vous, parce que tel est ce gouvernement, et encore qu'il fasse tant de choses, allez-vous en conclure qu'il a fait la crise? Il n'est pas juste d'imputer à un gouvernement tout ce que souffre une société, ce gouvernement fût-il absolu en droit ou en fait. Une société est toujours assez libre pour se tromper ou se nuire par des égarements, par des bévues, dont elle est seule responsable, sans parler des maléfices de la nature. Ici par exemple une mauvaise récolte, un excès de production, les offenses ou les menaces du dehors non provoquées, ont peut-être fait tout le mal de la situation. Il ne faut pas parler de changer les lois ou les personnes, étant donnée une crise qui vient ou de l'étranger, ou de l'atmosphère, ou de la société elle-même. Bref, il faut voir si cette situation que vous estimez critique, procède de ce régime que vous appelez personnel et prépondérant. »

C'est ce que nous allons vérifier, étudiant à cette fin et la nature de la crise qui est un trouble des esprits aussi bien que des affaires, et l'origine de cette crise qui est une origine officielle, pour en venir au seul traitement qu'elle comporte, celui de la liberté électorale. Mais sur les deux premiers points, évidents qu'ils sont, une étude n'est pas nécessaire : une indication, une simple articulation est suffisante. Voici les principaux traits de la crise :

D'abord, le rendement inférieur des impôts indirects, inférieur soit aux années précédentes, soit aux prévisions du budget. Il y a cinquante ans que cela ne s'était vu, sauf en quelques années, 1830 et 1848, consacrées aux révolutions. Il ne faut pas moins que des révolutions pour arrêter cet impôt croissant comme la consommation et comme la prospérité du pays ;

Le portefeuille de la Banque réduit, les escomptes de la Banque diminués de 800 millions ;

Le désarroi de tel grand établissement de finance ou de spéculation, contemporain de ce régime, sa créature et son instrument sur le marché des capitaux ;

La liquidation imprévue et désastreuse des embellissements de Paris ;

La souffrance particulière des industries métallurgiques, et par-dessus tout un malaise, un trouble général des affaires, stagnantes et interrompues de toutes parts.

Je pourrais à ce propos multiplier les détails et les exemples, imputant tel détail à telle mesure, et l'ensemble même des choses, troublées comme elles le sont, à la politique extérieure du gouvernement. Mais à quoi bon ? tout cela ne serre pas d'assez près l'unique question que l'on se soit proposée. Il s'agit uniquement de mettre la main sur les traits de la situation qui concluent pour le moment à la liberté électorale. A ce point de vue limité, ce n'est pas assez d'établir que la crise actuelle est imputable au gouvernement ; car, alors le gouvernement pourrait tout réparer en changeant sa politique. Il pourrait par exemple si les traités de commerce sont pour quelque chose dans la crise, rompre ces traités en les dénonçant. Cela, dis-je, ne suffit pas, il faut aller plus loin, il faut démontrer que la crise tient à des fautes ou à une attitude du gouvernement, dont l'unique réparation possible est l'absolue liberté des élections prochaines. Cette preuve est aisée, la crise étant tout entière dans les irrésolutions du Pouvoir. Oui, le pays est inquiet, perplexe, frappé d'insécurité et d'atonie, parce qu'il ne sait où on le mène, parce qu'il est témoin des vacillations les plus frappantes, parce qu'il ressent les impulsions les plus contraires, parce qu'il ignore ce que pense et ce que veut le gouvernement sur des points tels que la paix ou la guerre, la prépondérance du parti clérical et l'alliance fédérale avec la Belgique liée à la dénonciation des traités de commerce. Songez-y donc : un gouvernement doutant de sa politique, un pays doutant de son gouvernement ! Et cela en pareilles matières ; on serait inquiet à moins, et même anxieux, bourrelé. La merveille, c'est qu'on ne soit pas plus malade, économiquement et moralement, avec la perspective de telles aventures ou d'une telle inaction. En attendant, le pire des maux c'est l'incertitude, qui laisse prévoir tous les hasards et même tous les désastres, ayant presque les effets d'un sinistre accompli : un mauvais rêve où s'épuisent les forces et la confiance d'un pays. Si le pays pouvait se manifester librement, s'il pouvait marquer son esprit et sa volonté par des choix réels, par des élections sincères, ce serait la fin de la crise, en ce sens que le gouvernement pourrait puiser là une impulsion, une politique, enfin tout ce qui manque à ses conseils de décision et de fixité, sans parler d'une certaine grandeur dans cette nouveauté inouïe.

Mais où sont-elles donc ces irrésolutions du gouvernement ? et moi je vous dirai : où ne sont-elles pas ? Montrez-moi donc quelque part dans la conduite de nos affaires un point fixe, une voie tracée, une impulsion constante et sûre d'elle-même ? Mon embarras n'est pas médiocre quand je pense aux choses du dehors par exemple.

On a voulu l'agrandissement de la Prusse, on a souhaité et encouragé quelque chose comme l'unité allemande, cela n'est pas douteux ; et nous avons encore dans l'oreille ces paroles, ces théories fameuses qui ont été émises en faveur des nationalités. Puis, cela fait, nous avons songé à la nôtre ; nous avons eu souci de l'équilibre troublé contre nous, et nous avons demandé des compensations, nettement refusées. Où en sommes-nous maintenant ? Allons-nous subir les faits accomplis ou les défaire ? Ayant dit oui et non successivement, quel sera notre dernier mot ?

Cherchez bien et vous n'en saurez pas plus sur le parti clérical, sur une certaine alliance du trône et de l'autel qui reparaît à l'horizon. De là dépendent trois graves questions : l'achèvement de l'Italie par Rome capitale, la création de l'enseignement primaire impérieusement voulue par une nouveauté telle que le suffrage universel, un traité fédéral avec la Belgique pour prix du traité de commerce que nous lui avons octroyé et que nous pouvons lui retirer l'année prochaine. Or, à l'égard du parti clérical, l'irrésolution en haut lieu n'est pas moins éclatante. On lui prêta main-forte tout récemment par la dernière expédition romaine ; mais auparavant on avait laissé démembrer les États romains, et réduit par là le gouvernement du pape à l'impuissance financière de vivre. De plus, on fait toujours profession de demander, au besoin même d'imposer des réformes à ce gouvernement qui ne veut pas se réformer ; d'établir une société moderne là où se professe et se défend obstinément une société du moyen âge. Enfin, on accorde au parti clérical la destitution de tel professeur ; mais on maintient la pensée la plus laïque et la plus libre à la tête de l'enseignement, qui demeure un service public entre les mains de l'État, et non une industrie, une liberté, c'est-à-dire une proie offerte à qui pourra le mieux s'en emparer.

Ce point est le plus grave de tous, le plus vital, parce que l'Église fut jadis un pouvoir qui a laissé au cœur des masses une méfiance immémoriale et incurable. *Vital*, dis-je, pour les dynasties seulement ; je ne veux rien exagérer. Mais enfin cela suffit de reste pour alarmer un pays, qui pourrait aussi bien s'alarmer à propos de ses finances, y retrouvant le même flottement d'idées. Voyons, qu'est-ce qui va gouverner nos finances? Est-ce le principe des dépenses productives inventé par Necker et retrouvé par M. Thiers sous le gouvernement de Juillet? Alors adieu l'équilibre des budgets, adieu les situations liquides, adieu toute modération d'impôt, tout amortissement de la dette publique. On laissera grossir les budgets et la dette, pour exalter les forces productives du pays, sous prétexte de les accroître dans une proportion supérieure aux charges nouvelles. Cette théorie est plausible; mais vous la trouverez peut-être détestable. En tout cas, je vous défie bien de savoir si tel est le principe financier d'un gouvernement qui a tenté quelquefois de réduire les dépenses, même celles de l'armée jusque dans ses cadres, qui a dégrevé de quelque chose l'impôt foncier, qui s'est même ôté le droit d'ouvrir des crédits extraordinaires. Tout cela semble dire que nous touchons à l'ordre dans les finances; mais peut-être aussi marchons-nous à une paix armée, aussi coûteuse que les anciennes guerres, et à la décoration générale du pays sur le modèle extravagant et dispendieux qui s'est donné carrière à Paris.

Je ne parle pas des restitutions libérales longtemps promises, annoncées il y a dix-huit mois avec un certain éclat, réalisées depuis peu avec une véritable circonspection. J'ai le droit de dire seulement que l'irrésolution est dans les conseils du gouvernement, que cette irrésolution est connue de

tous, parce que le gouvernement est obligé de parler
à l'opinion, si ce n'est de compter avec le pays ;
parce que pensant tout haut, il laisse voir une pensée confuse et sinueuse (1).

§ 2.

En résumé, le trouble et le malaise des affaires
tient à l'anxiété des esprits, cette anxiété elle-même
tient aux irrésolutions du gouvernement, et ces
irrésolutions viennent peut-être de ce que le gouvernement ignore l'opinion, de ce qu'il ne sait pas
si l'opinion le suivait soit contre la Prusse, soit dans
des mesures telles que l'achèvement de l'Italie, que
la création à tout prix de l'enseignement primaire,
que la rupture du traité de commerce avec la Belgique.

Il suit de là que le genre de liberté voulu et nécessaire aujourd'hui, c'est la liberté électorale. Ce
remède est souverain en présence d'un mal qui est
l'indécision du gouvernement.

Cette indécision a peut-être pour cause l'insigne
gravité des questions pendantes, peut-être le caractère personnel des gouvernants, peut-être telle
étendue d'esprit qui hésite sur toutes choses, parce
qu'il voit et embrasse tout ; mais surtout n'oublions
pas la paralysie qui peut venir de ce que cet esprit
souverain ignore l'esprit public.

(1) Dans ces dernières pages on s'est inspiré, comme on a pu,
d'un vigoureux article que le prince Albert de Broglie publiait
naguère dans *le Correspondant*, une revue cléricale, mais dont
le succès croissant atteste le libéralisme.

Pour sortir de ce défilé, il n'y a que la liberté électorale, parce qu'elle montrerait l'opinion du pays, s'il en a une ; parce que, s'il n'en a pas encore, elle lui serait l'occasion d'en acquérir ; parce que s'il ne réussit pas à se faire et à manifester une opinion, cette liberté servira toujours à quelque chose, justifiant au moins la conduite quelconque du gouvernement, rétablissant l'ordre et la paix au moins dans les rapports du pays et du gouvernement. À une nation dûment consultée et qui n'a rien répondu de clair, de décisif, son gouvernement peut dire à bon droit : « J'ai fait pour le mieux, selon « mes lumières et mon patriotisme, sur ces ques- « tions où vous êtes demeuré sans voie distincte, « sans volonté explicite. Approuvez donc, ratifiez « donc ma politique, dès que vous n'avez vous-même « ni une politique certaine, ni des vues apparentes, « ni même des instincts pour me montrer la voie et « me promettre le succès. Vos critiques tardives ne « sont que fantaisie et tracasserie. Il fallait parler et « vouloir quand je vous ai convoqués, quand je vous « ai interrogés dans votre force et votre science. Où « prenez-vous le droit de blâmer, ayant abdiqué le « droit, ayant perdu l'occasion de prévoir et de di- « riger la chose publique qui était remise entre vos « mains ? »

Un souvenir me revient ici, ou plutôt un mot bizarre et vrai de M. de Lamartine, sur les premiers pas de l'Assemblée constituante en 1848. A un homme d'esprit positif et curieux qui aurait bien voulu voir clair devant lui, il répondit ces étranges

paroles : « Que voulez-vous ? nous vivons dans une
« harmonie confuse. Je ferai un discours tous les
« huit jours, et les choses iront ainsi. » Ces paroles
ne s'appliquent pas mal à la situation actuelle. Il
me semble seulement que de nos jours, la confusion
l'emporte de beaucoup sur l'harmonie. Il y a dis-
sonnance, il y a malentendu entre le pays et le
gouvernement, malentendu qui tient à ce qu'on ne
s'explique pas. Or on s'expliquerait, je suppose, les
élections étant libres.

Remarquez bien au contraire que l'explication
avorterait, et que les ténèbres iraient même s'épais-
sissant dans l'hypothèse des candidatures officielles.
Je ne sache rien de plus propre à entretenir l'anxiété
de l'opinion, que les langages très-divers, que les
programmes très contradictoires où pourraient s'é-
garer ces candidats, sans cesser un instant d'être
officiels. Pour ma part, si j'étais candidat du gouvernement, je me croirais autorisé à tenir aux électeurs le langage que voici :

« Je viens à vous, messieurs, sous les auspices du
« gouvernement réparateur qui a fermé l'abîme des
« révolutions, renoué la chaîne des temps, et ras-
« suré tous les intérêts, en même temps qu'il a raf-
« fermi toutes les croyances. Mon vote appartient à
« cette politique tutélaire dont les armes viennent
« de sauver le Saint-Siége, dont le fisc ménage le
« sol nourricier de la France, dont la main forte et
« entreprenante ne cesse d'encourager aussi bien
« que de protéger les capitaux du pays. J'ose, mes-
« sieurs, solliciter vos suffrages, parce que je suis le

« partisan dévoué des grandes mesures de conserva-
« tion qui ont fait taire en ce pays l'inimitié des clas-
« ses, qui ont créé l'ordre moral aussi bien que l'ordre
« matériel, qui ont fondé parmi nous, sur une base
« toute religieuse, un avenir de stabilité et de pro-
« spérité. Ces bienfaits, messieurs, sont présents à
« tous les esprits : vous les touchez du doigt ; vous
« les ressentez chaque jour dans la paix de vos
« foyers, dans la confiance de vos placements, dans
« le triomphe de vos consciences catholiques. Je ne
« veux pas vous rappeler avec détail ces biens dont
« vous jouissez avec tant de reconnaissance ; laissez-
« moi vous dire seulement que cette politique, dont
« vous êtes heureux et fiers, ne saurait avoir un
« champion plus ardent, un partisan plus ferme et
« plus sincère que le candidat qui s'offre à vous,
« pour soutenir ce gouvernement contre les passions
« malsaines et impies, assez audacieuses pour le
« méconnaître. »

Mais aussi bien j'aurais le droit de dire toute
autre chose avec non moins de vraisemblance, avec
une interprétation non moins fidèle de la politique
régnante, et cela sous les yeux du préfet. Toujours
officiel et agréable, je pourrais dire à tels électeurs
du Nord et de l'Est (nous étions tout à l'heure en
plein Bocage ou sur le pont d'Avignon) :

« Citoyens, je viens à vous sous les auspices de
« ce gouvernement libéral et démocratique qui ne
« connaît au monde que le droit des peuples ; peuple
« italien, peuple allemand, peuple français même...
« N'est-ce pas lui qui vous a rendu le suffrage uni-

« versel menacé par les anciens partis? N'est-ce pas
« lui qui a créé l'Italie aux dépens des Bourbons de
« Naples et du patrimoine de saint Pierre? Pouvoir
« moderne et libéral, il gouverne l'éducation par
« des instruments laïques ; et dans une pensée toute
« laïque, il a donné aux instituteurs primaires l'es-
« prit et la consistance d'un corps, en y créant les
« concours, les retraites, la hiérarchie. Il n'est pas
« un intérêt, pas une classe populaire — soldats,
« ouvriers, paysans — qui ne soit l'objet de sa per-
« manente sollicitude. Aux uns le bas prix du tabac;
« aux autres, le droit de coalition ; aux derniers,
« cette largesse toute récente des chemins vicinaux.
« Le pays respire et prospère sous cet esprit où il
« reconnaît l'esprit de la France, sous cette pensée
« auguste et supérieure où bien public signifie sur-
« tout bien populaire.

« Je vous demande vos suffrages, citoyens, pour
« apporter ma voix et mon concours à cette politique
« saine et progressive, pour la défendre contre les
« passions aveugles de l'obscurantisme, et contre
« les machinations du régime parlementaire. Le
« peuple se retrouve et s'appartient sous un Bona-
« parte héritier de la révolution. L'avenir de notre
« révolution est intimement lié à l'avenir de cette
« dynastie, et si vous voulez la fusion des classes, la
« fraternité du nivellement, vous ne pouvez l'at-
« tendre que d'un Bonaparte. Il a tout pour cela
« dans le suffrage universel, qui est à la fois son
« titre et son instrument. Travaillons donc à forti-
« fier le présent, si nous voulons assurer les béné-

« dictions de cet avenir, et j'ose vous le dire, ci-
« toyens : croyez-en monsieur le préfet sur mon
« dévouement à cette tâche auguste, à cette œuvre
« de restauration populaire qui est la grande nou-
« velle de notre temps. Candidat officiel, avoué par
« le gouvernement et parlant sous l'œil attentif de
« l'autorité, je ne parlerais pas de la sorte, si je
« n'avais la confiance intime d'exprimer sa pensée
« la plus certaine et la plus auguste, manifestée par
« ses actes les plus significatifs. »

Voilà deux langages bien distincts qu'on enten-
drait d'un bout de la France à l'autre, si les candidatures officielles reparaissaient. La France en
verrait-elle plus clair ? l'esprit public en serait-il
plus lucide et plus affermi ? J'en doute fort. L'opinion, qui ne sait rien aujourd'hui des pensées du
gouvernement, n'en saurait pas davantage au sortir
de ces interprétations dissonnantes et contradictoires. Quant au gouvernement, qui ne sait rien aujourd'hui de la pensée publique, il aurait encore
plus de peine à la reconnaître, doublement troublée
et par elle-même et par lui-même, ou plutôt par la
voix discordante de ses candidats variés.

Concluons que la crise, ayant pour origine les
incertitudes de l'esprit public et les irrésolutions du
gouvernement, le traitement de cette crise est l'absolue liberté des élections prochaines. A ce prix, à
cette heure apparaîtrait l'opinion, fournissant une
base à la politique du gouvernement, brisant le
cercle où nous sommes, cercle vicieux d'ignorance
et d'impuissance universelle, où pays et pouvoir se

condamnent à l'inertie, où nul n'ose agir parce que chacun ignore la pensée nationale ou souveraine qui lui donnerait force et confiance. Sans doute on pourrait voir la fin de cette crise par le fait du gouvernement parvenu à des résolutions et entraînant le pays à les adopter. Il faudrait bien en venir là, si le pays, librement interrogé, était lui-même sans volonté précise sur les problèmes du temps. J'ajoute que quand ces problèmes sont des questions de paix ou de guerre, c'est-à-dire d'efforts et de sacrifices, un pays a presque toujours besoin d'être entraîné par son gouvernement. C'est M. Thiers qui l'a dit, M. Thiers d'autrefois, à propos du *Comité de salut public*.

Toutefois on ne peut présumer cette indifférence du pays, et le plus sûr comme le plus régulier, c'est qu'il soit mis en demeure de se prononcer ; car, s'il se détermine pour les choses grandes et hasardeuses, il promet par là son concours, s'engage à l'héroïsme et assure le succès pour peu qu'il soit un personnage à gros bataillons et à grands souvenirs. Que les élections soient libres, et la nation, ou répondra des choses très-diverses, ou peut-être ne répondra rien du tout ; mais en tout cas cette liberté serait d'un grand effet. Quel que soit le silence du pays ou la volonté exprimée du pays, ce serait la fin de la crise, le gouvernement recevant ainsi, soit une impulsion nationale, soit des pleins pouvoirs dont l'exercice ne saurait inquiéter ni blesser la nation, qui les a consentis et signés.

Si la liberté que je demande pour les élections

prochaines n'était pas un pur expédient, ce serait chose infiniment grave, parce que la pire institution une fois faite, ne peut être défaite que constitutionnellement. Si cette liberté d'opinion que je veux faire paraître avait à se montrer sur des questions fondamentales de socialisme et de dynastie, je concevrais que la dynastie et la société répugnassent à cette manifestation chanceuse, à se laisser mettre en question. Mais il ne s'agit pas de cela, et nous n'en sommes pas là. L'opinion, au point de vue où je raisonne, aurait à s'expliquer, une fois seulement, sur de grandes questions qui la troublent, sur des perplexités qui la déconcertent, mais qui lui sont communes avec le Gouvernement.

Vous entendez bien que je veux parler des questions de paix ou de guerre, et des questions déjà énumérées où figure le parti clérical.—Si le Gouvernement était bien avisé, il verrait ceci de précieux et d'encourageant dans le cas actuel, que ce sont les seules questions du moment, questions qui effacent et absorbent toutes les autres. Quand la France est touchée à l'endroit de son prestige ou de sa sécurité extérieure, quand la société moderne voit devant elle un obstacle puissant et obstiné, toute autre question s'ajourne : les querelles du pays et du pouvoir exécutif touchent à l'apaisement ; ils sont l'un et l'autre au moment de s'entendre, mais on ne s'entend pas sans s'expliquer, et l'on ne s'explique pas sans des élections libres, seules capables de dire oui ou non sur les soucis communs de la pensée publique et de la pensée impériale.

Le gouvernement se décernerait un grand témoignage en consultant l'opinion, le témoignage qu'il
ne redoute rien pour lui-même. C'est un insigne
progrès pour un gouvernement français, une véritable solidité que d'être en état de faire appel à
l'opinion. Cela prouve que la société, dans son plus
grand malaise, n'a rien de contraire au principe et
à l'existence du gouvernement. Je n'en dirai pas
plus long sur ce point. Il me semble que j'empiète
sur le droit des fonctionnaires, sur le privilége qui
appartient à certains fonctionnaires, brigadiers ou
préfets, d'adresser au pouvoir des rapports politiques. La vraie place de ces considérations serait
dans un rapport de ce genre. Je renonce à les faire
valoir, n'étant pas chargé par la dynastie et par le
pays de sauver l'une et de conseiller l'autre.

§ 3.

Y a-t-il donc des objections sérieuses à ce que les
prochaines élections soient libres? Il y a des objections à tout, sérieuses ou non ; nous allons les énu-
mérer et les juger.

1° Le gouvernement connaît l'opinion ; il la connaît par ses fonctionnaires ; il n'a pas besoin d'un
renseignement tel que le fracas et le tumulte d'élections livrées à elles-mêmes.

— Je réponds que le propre du fonctionnaire est
d'être mal informé, à cause d'une certaine méfiance
qu'il inspire, ou mal informant par le vice d'une

certaine complaisance. Supposez le contraire, qui arrivera souvent parmi les petits fonctionnaires, parmi les gendarmes surtout, qui voient les choses de près et avec peu d'imagination : il reste à savoir si ces informations sont bien transmises, c'est-à-dire textuellement, ou tout au moins bien résumées, bien analysées. Sont-elles bien transmises? on peut se demander si elles sont bien interprétées au plus haut; car il n'en est pas d'une information comme d'un chiffre. Et ici le désir de plaire chez les uns, le besoin d'illusion chez les autres peut se donner carrière. Il en est du gouvernement comme des femmes, dont Tacite a dit : « *Facilis feminarum credulitas ad gaudia.* »

2° Avec des élections libres, le gouvernement connaîtrait non pas l'opinion, mais les partis.

— Soit; mais il n'est pas indifférent de connaître les partis, c'est-à-dire la force, l'influence, où qu'elle soit.

Quand le gouvernement demande des rapports politiques sur l'état de l'opinion, ce qu'il tient à connaître, ce qu'il a besoin d'évaluer, ce sont les partis, c'est-à-dire les sentiments et la conduite des classes éclairées, des groupes actifs qui se mêlent de politique.

La liberté électorale, pratiquée une fois en passant, révélerait les partis.

3° Comment le pouvoir renoncerait-il à ses candidats, quand il vient d'accorder à ses adversaires le droit des journaux et le droit de réunion?

— N'oubliez pas que tout cela, c'est-à-dire journaux, réunions, liberté électorale, est absolument nécessaire pour susciter l'opinion du pays, qui n'a peut-être pas d'opinion. Ces journaux et ces réunions ne seront pas infaillibles : de leur part et avec leur concours, l'opération électorale se passera humainement, défectueusement ; mais ce mélange d'erreur et de vérité vaut encore mieux que le silence du pays, que la signification incertaine de ses choix, que le néant de la volonté publique ; et cela surtout quand nous sommes tous malades, pays et pouvoir, d'incertitude et d'affadissement ; quand nous sommes perdus d'irrésolution et d'angoisses sur des questions urgentes, irritantes, qui veulent enfin la lumière, l'action, la célérité.

4° Il faut prévoir ce que pourrait être une assemblée librement élue, et les périls, les complications qu'elle apporterait au lieu de remèdes.

— Je ne vois rien de pareil, parce que si par hasard ces élections donnaient une chambre alarmante, le pouvoir exécutif pourrait la dissoudre ; parce que le parlement actuel n'a pas l'initiative régulière des lois ; parce que, s'il voulait suppléer à cette initiative par un refus de budget, la dissolution pourrait avoir lieu dans le temps voulu pour dissoudre ce parlement et demander à un autre parlement le vote du budget ; parce qu'il y a la ressource des plébiscites.

5° La liberté électorale peut-elle être un expédient ? Pratiquée une fois, ne restera-t-elle pas dans les mœurs, ne s'imposera-t-elle pas à l'avenir ?

— N'ayez nulle inquiétude à cet égard ; rien ne serait plus facile à notre machine administrative, armée et dressée comme elle l'est pour l'immixtion universelle, que de reprendre son action électorale sur un signe du gouvernement. La vraie difficulté, c'est de lui imposer, ne fût-ce que pour un temps, pour une expérience passagère, l'abdication de ses anciennes habitudes. C'est l'opinion de tel esprit éminent (M. Emile de Girardin), que cette machine, même sans impulsion supérieure, aura ses candidats, et fonctionnera quand même à leur profit. Il croit avoir à ce sujet des preuves, des indices qui remontent aux élections réputées libres de 48 et 49.

En définitive, le gouvernement veut-il faire l'opinion, ou veut-il simplement la connaître? La faire, c'est chose hasardeuse, où le succès n'est qu'apparent et précaire, quand il y a succès; où l'échec est mortel et emporte tout. Le fait est que le gouvernement actuel n'a pas cette prétention; qu'il recherche et étudie l'esprit public; qu'il demande partout des rapports sur l'état de l'opinion. Notre hiérarchie administrative n'a pas aujourd'hui de plus grande affaire que de le renseigner là-dessus; préfets, procureurs, commissaires de police, et jusqu'au moindre brigadier, lui adressent tous les trois mois un rapport politique, sans compter les rapports particuliers sur telle ou telle question. Si le gouvernement niait le pouvoir et les doits de l'opinion, il serait tout justifié à ses yeux de ne pas la consulter; s'il avait une opinion à lui, il serait excusable de vouloir l'imposer ou la persuader au public. Mais il n'en va pas ainsi. Le fait est que le gouvernement n'a pas de politique arrêtée, et qu'il fait profession de s'éclairer, de s'inspirer partout : d'où l'on peut inférer qu'il suivrait une politique clairement indiquée par les instincts du pays. En cet état, que reste-t-il à faire, si ce n'est de convoquer et d'interpeller le pays, dans des élections où il serait maître de ses votes ?

J'ai parlé d'*instinct* tout à l'heure, et ce mot contient peut-être une solution, par le temps qui court.

Laissons là le droit des gouvernements à paraître dans les élections qui leur donnent des juges, et à combattre, à récuser parfois ces juges. — Laissons là le devoir qu'ont peut-être les gouvernements sous le régime du suffrage universel, de surveiller et de corriger les œuvres de ce pouvoir. Il s'agit uniquement de la situation actuelle, des problèmes qui la composent, des irrésolutions flagrantes qui caractérisent la pensée souveraine, du concours éminent et décisif que l'opinion publique est seule capable de lui apporter.

Comme il s'agit de paix ou de guerre ; comme il s'agit au dehors et au dedans de compter avec le parti clérical, de reconnaître ce qu'il vaut et ce qu'il pèse, pour déférer ou résister à son esprit ; comme le pouvoir exécutif paraît sur tout cela fort irrésolu, et on le serait à moins ; comme les instincts du pays seraient à cet égard une force et une lumière, c'est le cas de les consulter. Car c'est un de ces cas peu communs, où l'opinion publique, qui n'est ni le sens moral, ni le raisonnement, est néanmoins une puissance légitime et suffisante.

Telle est la conjoncture précise : des questions qui vont au cœur du peuple, à ses souvenirs les plus vivants, à ses fibres les plus passionnées. Le peuple n'a que des instincts; mais ici les instincts suffisent à la clairvoyance. J'ajoute qu'ils sont nécessaires à la victoire, si les provocations de l'étranger nous obligeaient à descendre sur les champs de bataille, et si la résistance d'un grand parti, seul armé et organisé de toutes pièces, faisait obstacle à des réformes vitales, à tel progrès par exemple, où il s'agit de l'âme populaire, de l'esprit des masses qu'il importe, disait Napoléon Ier, d'élever à la dignité d'homme.

Le gouvernement prendra-t-il sur lui, soit d'entraîner la France au delà du Rhin, soit d'affronter toutes les puissances morales et organisées qui résident dans le parti clérical? Il hésite, rien n'est plus visible; il hésite parce qu'il ignore sa force. Il la saurait s'il consultait le pays. Il apprendrait notamment quel implacable souvenir certains pouvoirs d'autrefois ont laissé parmi le peuple.

L'Eglise porte la peine aujourd'hui d'avoir été un de ces pouvoirs qui jadis possédaient le sol et les hommes. De là des rancunes toujours brûlantes : oui, même aujoud'hui, quand le grief a disparu depuis quatre-vingts ans, enseveli à des profondeurs dont on ne revient pas, sur lesquelles a poussé toute une société nouvelle. On peut dire de ces abus : *Etiam periere ruinæ.* On ne leur voit plus ni racines ni sol pour reparaître, tout étant pris et occupé par l'épanouissement d'une France moderne. Voyez cependant ces émeutes de la Charente! C'est à ne pas croire. Est-il concevable que des populations se

soulèvent aujourd'hui au cri de : *A bas la dîme !*
Passe pour la corvée : la prestation vicinale est une
chose qui rappelle ce mot. Mais la dîme, comment
le nom même en est-il resté? Un nom que nulle
menace, nulle analogie ne rappelle de près ni de
loin. On admet volontiers que le peuple ne sait pas
l'histoire ; mais il paraît que certaine histoire lui
est terriblement familière et toujours présente. C'est
qu'en fait de haines rien ne s'oublie, rien ne se
perd, parmi ces existences sans événement dont
rien ne renouvelle les rares idées, les traditions une
fois acquises. L'idée qui, par hasard, a pénétré
jusque-là, qui est descendue à ces profondeurs où
d'ordinaire on ne vit que de pain, est une idée sans
fin et surtout sans borne aucune de discernement
et de justice ; née d'un grief, elle constitue un patrimoine, un trésor inné de fiel et de colère.

Cela n'est pas purement populaire : cela est universel, humain. Au-dessus du peuple on a l'abon-
dance et le mouvement des idées, par où elles pourraient bien se renouveler. Mais, à cette hauteur
même, rien n'est durable comme les aveuglements
de la haine, ou plutôt comme cette méchanceté des
jugements, qui est d'accabler au moyen du passé le
présent le plus inoffensif. Malheur à qui porte certains noms: Noblesse, Église, République ! Un nom
sous lequel des crimes ont été commis en demeure
taché à jamais : on dirait un péché originel et irra-
chetable, une Némésis toujours flagellante.

Peu importe que les temps aient changé, em-
portant les personnes et les mœurs, les institutions

et leur esprit, ne laissant qu'une pure étiquette : la réprobation persiste contre tout ce qui porte cette étiquette et pour être calomnie n'en prospère que mieux. Véritablement, c'est merveille qu'il reste encore quelque chose pour imposer le respect ou même simplement l'obéissance, l'humanité n'ayant cessé de commettre des crimes sous toutes les bannières, sous toutes les invocations. Il me semble que je commence à comprendre ces émeutes prodigieuses de la Charente. Mais encore une fois, il n'y a rien là qui soit le privilége des masses ignorantes et violentes. Rappelez-vous seulement quel obstacle trouva une République toute récente dans les souvenirs de la première République ! Comme on objecta 93 à 48 ! Comme on évoqua le maximum, la banqueroute, les assignats contre l'impôt des quarante-cinq centimes ! Et cela se passait, se déclamait non parmi les classes incultes, mais parmi les plus éclairées ! Faire des distinctions, sentir les nuances, fussent-elles éclatantes comme l'arc-en-ciel ou profondes comme un abîme, c'est une probité que les hommes n'ont pas encore.

Telle est l'universelle injustice dont souffre l'Église. Quand je dis qu'elle en souffre, je pourrais bien ajouter qu'elle en use, qu'elle n'est pas plus épargnante qu'épargnée. Mais passons. Il ne faut pas juger l'Église comme elle juge les autres, ni comme elle est jugée par le peuple. Le sentiment religieux dont elle est l'organe public est ce que la Providence a mis en nous de plus grand, à tel point qu'un naturaliste éminent ne voit pas autre chose, toute réflexion faite, pour distinguer l'homme de l'animal. De là une conséquence ou plutôt une précaution qui s'impose. Que ce sentiment puisse s'égarer par le fait des interprètes humains dont nulle chose divine ne peut se passer, et qui ne peuvent eux-mêmes se passer d'erreur, cela est évident. Il n'est pas moins clair que cette erreur doit être combattue, surtout l'erreur antilibérale, sous peine de tomber en théocratie et de ressembler à l'Espagne, à l'Orient. Mais il faut ici que la polémique observe les limites les plus étroites et les façons les plus circonspectes, celles par exemple du *Vicaire savoyard* (1). Autrement vous allez atteindre les racines morales de l'humanité et tant d'œuvres, tant de fruits salutaires que l'Église en a tirés dans ses bons jours. Vous ne sauriez donc procéder en ce sujet avec trop de réserve et d'éliminations.

D'abord ne confondez pas la religion avez l'Église, ce serait dire que ce pays est irréligieux, et rien n'est moins vrai de la France, avec l'amour qu'elle porte aux grands hommes. Pour les aimer, il faut y croire : or, cela est autrement difficile que de croire en Dieu ; cela suppose une puissance de foi

---

(1) Vous trouvez dans cette profession de foi tout ce qu'on peut désirer de spiritualisme et d'orthodoxie philosophique. Il est fort à remarquer en outre qu'elle use de respect envers le Christianisme, que ce vicaire n'est nullement le précurseur de M. Renan. Tout son effort se borne à prouver qu'on n'est pas damnable éternellement, en l'état de l'apologie chrétienne, de n'y pas croire.

et d'illusion supérieure à celle qui se déploie dans les champs du surnaturel, de l'idéal.

Ne confondez pas davantage l'Église avec le parti clérical, qui vous semble l'ennemi né de tout libéralisme et même de toute raison humaine. Car il y a des libéraux très-sincères parmi les croyants laïques, parmi les prêtres et les congréganistes, peut-être même parmi les évêques, quoique le penchant du prêtre, quand il est enclin aux idées modernes, soit plutôt pour le socialisme, au nom de la fraternité, que pour le libéralisme, où le sens individuel lui cause toujours quelque ennui.

Enfin, ne confondez pas le catholicisme avec l'absolutisme qui livre l'homme à l'homme et le réduit en atome social, en molécule administrative, tandis que le catholicisme le traite en force libre, en âme immortelle, rachetée de Dieu, le digne objet d'une providence attentive qui s'appelle la *Grâce*, un être où domine tellement la liberté qu'il est capable de mériter d'un Dieu juste une éternité de peines ou de récompenses. En attendant, il y a là sans doute de quoi faire un citoyen.

Mais il me semble que me voilà en plein commentaire, en pleine interprétation ; je n'en ai pas le droit. Quand une doctrine est une religion avec toute une hiérarchie de ministres, avec un chef suprême qui en est l'oracle infaillible, il n'appartient qu'à cette doctrine de se définir et de se professer. Nul n'a compétence pour la juger dans sa substance intrinsèque, dans sa portée naturelle. Il vous est défendu de lui prédire telles suites, telle fortune qui vous semblent contenues dans son principe et logiquement promises à son avenir. Cela est pure fantaisie de votre part, pure intrusion. Une Église doit être entendue comme elle s'entend elle-même : telle est la règle en pareil sujet.

Cela veut dire que sur le compte du catholicisme vous ne pouvez croire qu'au saint-siége. Là, vous tenez le catholicisme, vous le tenez par son âme; il n'y en a qu'une pour tous les catholiques, et cette âme est à Rome. Or, le saint-siége prend la parole quelquefois; il s'adresse au monde entier, *urbi et orbi :* il l'a fait tout récemment dans des manifestes fameux que le monde a lus avec stupeur, où sont reniés et maudits non-seulement tous les articles de la foi libérale, si chère à certains grands catholiques, mais les bases mêmes de la société moderne, jusqu'à la tolérance, jusqu'au mariage civil, jusqu'à l'imprimerie, traités de pestilence...

Tel est le catholicisme, ne le cherchez pas ailleurs; il n'est rien au-dessus de ce témoignage. Voilà, de son propre aveu, la foi qu'il a et qu'il impose, l'esprit dont il gouverne l'Église qui lui appartient par la discipline, et dont il gouvernerait le monde, si le monde lui était livré par l'éducation. Ne vous bercez pas d'Église gallicane et de principes gallicans pour accommoder le catholicisme à la France moderne. Nous avons changé cela de nos jours. Il n'y a désormais qu'une manière d'être catholique, laquelle est d'être ultramontain. J'ai entendu là-dessus les fils des jansénistes. *Merveille de mœurs, erreur de doctrine*, disaient-ils de leurs ancêtres.

Les gouvernements et les peuples n'ont pas à juger cette doctrine catholique, encore bien moins à la persécuter et à l'interdire : mais ils ont à voir ce qu'elle vaut pour la cité. Si l'Église, ainsi faite, n'avait contre elle que le préjugé populaire, un gouvernement serait excusable, sous le régime du suffrage universel, de prendre en considération cette force du préjugé. Si la réprobation des classes éclairées venait confirmer les instincts populaires, ce droit du gouvernement deviendrait un devoir. Mais les pouvoirs publics ont une bien autre obligation qui est de préparer l'avenir, et pour cela de considérer les diverses forces sociales, non-seulement dans leur état actuel, mais dans leur état futur, dans leurs chances et dans leurs perspectives. A ce point de vue, un gouvernement serait bien avisé en France de négliger le parti clérical, de ne le compter ni comme appui, ni comme obstacle : car l'avenir échappe à ce parti, si j'en crois certaines analogies qui m'ont bien l'air de lois constantes et vérifiées. Ces analogies nous sont offertes par l'histoire de la Grande-Bretagne ou plutôt par l'histoire du sentiment religieux en cette société, lequel eut la plus grande part dans ses révolutions, puis s'éclipsa pendant plus d'un demi-siècle, puis enfin reparaît de nos jours avec un véritable empire. Je suppose que le lecteur me voit venir. A tout hasard, je vais m'expliquer. Voici ce que je veux établir: ces grands mouvements d'idées, de mœurs et de lois qu'on appelle révolutions, ne vont pas toujours droit devant eux d'une allure régulière et soutenue, ne se propagent pas tout d'une haleine. Ils ont des temps d'arrêt, des déviations et même des retours nommés aujourd'hui réactions. Toutefois c'est leur destinée infaillible, après mainte vacillation, de se redresser, de reprendre leur direction première et d'y rester à jamais. L'Angleterre en est un éclatant exemple. Religieuse qu'elle était au point de départ de ses révolutions, elle se retrouve religieuse aujourd'hui, après une longue et vive intermittence du sentiment initial qui l'avait mise en mouvement. Oui, les Anglais eurent une longue réaction irréligieuse. Il faut voir comme la chose est contée, comme elle est expliquée surtout dans un livre magistral, par un des plus beaux et des plus grands esprits de notre temps (1). Que voulez-vous? Rien ne triomphe sans inspirer la haine aux vaincus, et un certain dégoût aux vainqueurs eux-mêmes, honteux de leurs moyens et de leurs auxiliaires. En Angleterre, la cause religieuse des révolutions ne fut pas plutôt gagnée, qu'elle subit une certaine disgrâce d'opinion. Penseurs, politiques, gens du monde, romanciers, tournèrent à l'athéisme. Pendant près de quatre-vingts ans tout porta la trace de ce revirement. La mode s'en mêla et prit parti contre les mœurs austères et maussades, contre les passions sérieuses et violentes qui avaient fait la fortune de Cromwell. Mais cet état des esprits était accidentel, temporaire, étranger à la substance anglaise, à ce fond d'esprit religieux qui avait fait les

(1) L'Angleterre au XVIIIe siècle, par M. de Rémusat.

révolutions de ce pays et qui en a repris possession de nos jours.

Pour tout expliquer par un nom, Bolingbroke fut le maître et le modèle de Voltaire. Seulement le maître a passé et l'élève est resté. C'est que le maître était l'organe d'une réaction, tandis que l'élève était le précurseur et l'agent d'une révolution. A quoi bon le dissimuler ? Tel est notre passé, que notre révolution fut faite contre les deux puissances qui sont le plus capables de conduire les peuples et même de leur apprendre à se conduire eux-mêmes, contre la noblesse et l'Église. Quand nous serons libres, nous aurons gagné une prodigieuse gageure.

Il s'en faut de beaucoup que cette donnée première et anticléricale de 89 ait persisté dans sa plénitude. Renouvelée en 1830, elle fut interrompue, il y a plus de vingt-cinq ans, par une réaction très-marquée dont nous avons encore le spectacle aujourd'hui. Cette réaction est réelle, est sincère : toutefois la profondeur et l'avenir lui manquent. Naturelle, elle l'est sans doute, mais de même nature que la réaction nobiliaire, attestée par le goût recrudescent des titres et des particules dont le gouvernement est obsédé, qui ressuscite à vue d'œil et qui est un travers bourgeois bien plus que patricien. Il me semble que ces deux réactions ont même puissance, même portée : l'une ne menaçant pas plus l'égalité des personnes que l'autre n'est dangereuse pour l'indépendance du pouvoir civil et de la raison humaine. Vous me direz que le pouvoir clérical s'est emporté de nos jours à des affirmations, à des intolérances de paroles inouïes. Mais il n'est pas clair que ces excès marquent la force ni même la confiance. Demandez à l'histoire ce qui en est. Sans remonter à Julien, à Symmaque et à leurs restaurations mal avisées, une histoire assez récente vous montrera l'ancien régime, quand tout s'acheminait vers 89, promulgant un édit pour imposer à tout sous-lieutenant quatre quartiers de noblesse. Les dieux ne s'en vont pas sans un certain tonnerre.

Ceci n'est pas moins qu'une loi de l'histoire, qu'une façon élémentaire du progrès accompli par les révolutions. Ces grands mouvements chancèlent, mais ne tombent pas. Leurs écarts sont suivis de redressements infaillibles. *Une courbe rentrante*, telle est leur figure, que j'emprunte à M. de Maistre, parce que c'est lui : car ici l'image la plus juste serait celle de la marée montante, où chaque flot se retire, mais après avoir porté un peu plus loin que le flot précédent, de telle façon qu'en définitive force reste à l'ascension.

Ainsi, tout comme les révolutions d'Angleterre, à base et à fin religieuse, ont fait, après mainte éclipse, une société religieuse; de même nos révolutions dirigées non pas contre le sentiment religieux et la religion, mais contre le pouvoir et l'esprit clérical, qui était un des privilégiés d'autrefois, a fait une société qui demeure ennemie de la puissance et des maximes cléricales.

Nous assistons maintenant aux efforts tentés par

cette puissance pour revivre et ressaisir le monde ; une œuvre où elle rencontre les plus vives résistances de l'opinion. Quant au gouvernement, il n'est point intervenu dans cette lutte dont il reste l'arbitre et le modérateur. Il a bien fait. Il ne tiendrait qu'à lui de se prononcer contre l'Église, de mettre le feu aux passions populaires, d'en tirer tout ce qu'il voudrait contre cette éternelle suspecte. Il manquerait, agissant de la sorte, à son devoir et à son office le plus élémentaire. Qu'il s'abstienne, qu'il se taise : cela lui est impérieusement prescrit. Mais qu'il interroge le pays pour savoir si le pays ferait cause commune avec le clergé, et si les pouvoirs publics doivent s'arrêter devant l'obstacle clérical, quand ils poursuivent certaines œuvres de civilisation intérieure et de grandeur nationale. C'est ce que l'Autriche vient de pratiquer dans cette nouvelle phase libérale qui sera peut-être le salut des Hapsbourgs, défaisant le concordat qu'elle avait eu l'imprudence de faire il y a quelques années, sur des bases qui renouvelaient le moyen âge dans une société moderne.

Or, le gouvernement ne peut savoir l'opinion de la France qu'en la laissant parler et voter librement aux élections prochaines.

De là seulement peut naître une politique, une impulsion, un gouvernement : choses qui manquent absolument depuis deux ans. A ce prix seulement, la lumière se fera, et la direction éclatera tout à coup. Le chef de l'État estime peut-être qu'il gouverne bien ; peut-être en jugez-vous tout autrement, journaliste ou publiciste que vous êtes. Mais pourquoi le chef de l'État préférerait-il votre opinion à la sienne ? il n'en a nulle raison ; tandis qu'il serait fort touché, selon toute apparence, pour avoir vécu dans les pays libres, d'une opinion qui serait celle du plus grand nombre. D'où la nécessité, s'il cherche une lumière, de la demander à une manifestation solennelle du pays.

§ 4.

Tout arrive, comme on dit. Je puis donc supposer à toute rigueur un préfet lucide, sincère, éprouvant je ne sais quel désir honnête de servir la dynastie et le pays. Voici, selon moi, ce qu'il pourrait écrire à son gouvernement ou même dire dans une de ces rencontres appelées audiences, où quelqu'un assurément cherche la vérité.

« Sire, le pays est malade d'incertitude, et préférerait mainte chose à ce trouble moral qui devient un trouble économique. Rien n'est moins imaginaire, Sire, que cet état des esprits et des affaires. Attesté par la défaillance de certains impôts et par l'inaction des capitaux qui n'osent rien tenter, il rappelle des temps mauvais contre lesquels l'Empire a été fait, et constitue une crise qu'on ne s'attendait pas à voir reparaître sous l'Empire.

« Quand un pays diminuant sa consommation et sa production, diminue sa vie en quelque sorte, les gouvernements, si tranquille que soit la rue, arrivent eux-mêmes à des conditions d'existence difficiles. C'est ce qui parut avec le dernier éclat en 48, où la société, refusant de vivre en quelque sorte, semblait refuser la vie à ses gouvernants : c'est ce qu'on ne verra jamais sous l'ordre de choses actuel. Mais c'est trop déjà de faire songer à cette époque et d'en offrir quelques traits fugitifs.

« La grève du milliard, comme disent certains observateurs malveillants mais véridiques, ferait bientôt la grève et le chômage partout, avec certaines suites inévitables de méfiance et de défection.

« Si la politique du gouvernement avait causé ce mal, un changement de politique suffirait à le réparer ; mais la situation est tout autre et n'admet pas ce traitement. Le mal de la situation consiste en ce que le pays n'aperçoit pas de politique au-dessus de lui, et surtout en ce qu'il suppose, dans son ignorance, une politique capable au premier jour des partis les plus hasardeux, ou des directions les plus rétrogrades. Il serait aussi injuste que malséant de répéter le dire des partis. Fonctionnaire ou non, je reconnaîtrais que l'irrésolution est naturelle et permise sur les questions posées au gouvernement par l'attitude de l'Allemagne et du parti clérical. Toutefois, les irrésolutions d'un gouvernement font les anxiétés d'une nation ; et si l'occasion vient s'offrir d'abréger ses doutes et ses malaises, il importe de la saisir.

« Cette occasion existe dans les élections générales qui auront lieu prochainement. Seulement il fau-

drait que ces élections fussent libres et que le gouvernement abandonnât les candidatures officielles.
Il saurait alors quelle est l'opinion de la société ; et,
s'il est trop scrupuleux, trop consciencieux pour la
surprendre par quelque initiative hardie et compro-
mettante à jamais, il trouverait dans les choix du
pays des indices d'une politique agréable et pro-
portionnée au pays. Un gouvernement a peut-être
le droit de paraître aux élections, quand la société
n'a pas de grand parti fait comme une caste, iden-
tifié aux intérêts permanents et supérieurs de la
société ; mais il doit renoncer à toute immixtion
électorale, quand il hésite dans son patriotisme et
sa conscience sur la politique à suivre, et quand
son hésitation vient de ce qu'il ignore l'opinion du
pays, sur des points qui intéressent ou la conscience
religieuse, ou les instincts progressifs, ou le sentiment patriotique du pays. C'est le cas alors de tenter
une expérience, et d'employer un expédient tel que
la liberté électorale. Dans l'incertitude et le malaise
de tous, il convient d'entendre le pays et de reconnaître son esprit, s'il en a un, dans le libre choix
de ses mandataires.

« Par cet expédient le pouvoir actuel sauverait la
société, tout comme il la sauva, il y a dix-huit ans,
par l'expédient de la dictature. A chaque crise son
remède ; celui-ci est indiqué par la nature des choses, et si le gouvernement de l'Empereur y incline
déjà par lui-même, c'est qu'il a le sentiment fin et
profond des situations les plus diverses ; c'est qu'il
a l'ampleur des idées et des pressentiments, refusée

aux sectaires, aux chimériques ; c'est qu'il n'a pas oublié quel fut le sort du premier Empire, pour avoir fait violence à la nature des choses.

« La dynastie courrait-elle des risques à laisser aujourd'hui, et pour une fois, les élections libres ?

« Non, parce qu'aujourd'hui le pays est embarrassé de questions qui dépassent la question politique proprement dite. Nous avons fait allusion à ces problèmes qui touchent, soit à l'honneur et à la sécurité du pays, soit à l'essence même de son progrès. Si l'on veut trouver quelque part l'inquiétude et la passion, c'est de ce côté qu'il faut aller ; mais il n'est rien là qui s'en prenne aux personnes ou au principe du gouvernement impérial.

« Si ce gouvernement a commis des fautes, elles ont cela de particulier, qu'elles appartiennent au passé comme l'expédition du Mexique, ou qu'elles n'intéressent que l'avenir, comme l'inaction pendant les conflits allemands. Mais l'avenir et le passé ne sont pas ce qui touche un peuple ; les sociétés sont tout entières au présent, aux impressions du moment actuel. Or, la France ne voit distinctement que deux choses à l'heure qu'il est : la guerre et le parti clérical, c'est-à-dire une menace pour son territoire et une menace pour l'esprit de ses révolutions, ou plutôt tout simplement pour l'esprit moderne. On s'inquiéterait à moins ; mais enfin, le pays ne peut accuser le gouvernement d'être le complice de ce que le pays réprouve ou de ce qu'il appréhende ; car le gouvernement n'est pas acquis au parti clérical comme était la Restauration, ni à la guerre comme était le premier Empire, ni à la paix comme était le gouvernement de Juillet. Il n'appartient nullement à des aspirations violentes ou rétrogrades en face desquelles le pays, remontant aux principes et aux personnes, réprouverait tout et userait de sa souveraineté librement exercée, pour renouveler tout.

« Telle est la nature des questions qui agitent le pays, et qui passent à côté de la dynastie. On ne voit pas comment des élections libres trancheraient ces questions d'une manière alarmante pour la dynastie, laquelle n'est nullement identifiée à ce que le pays appréhende, et n'a d'autre tort que d'offrir certains aspects douteux, vacillants.

« Pour plus de sûreté, après avoir reconnu la portée des problèmes, nous allons considérer l'état des partis. Ils ne sont pas menaçants, parce qu'ils ne sont pas organisés. La preuve qu'ils ne sont pas organisés, c'est que le candidat purement parisien, recommandé, expédié de Paris, a disparu de l'arène électorale. Cela se faisait, cela ne se fait plus. Il faut bien admettre que les partis sont dissous, puisque Paris, où se font et se défont les gouvernements, où la pensée politique du pays eut toujours son foyer, son incendie rayonnant, a perdu ce grand trait de fournir ses idées à la France, sous forme de candidats. L'opinion publique, centralisée à Paris, fut longtemps la force qui tint en échec toutes les forces de la centralisation officielle, sans quoi on ne comprendrait pas que ce pays ait jamais eu un grain de liberté, les semblants même de la liberté et quelque vie politique. Mais les choses n'en sont plus là. Quand Paris n'attaque plus le pouvoir avec la force d'une opinion centralisée, pourquoi le pouvoir se défendrait-il avec les forces de la centralisation? Pourquoi le gouvernement ne suivrait-il pas l'exemple des partis, laissant la province exprimer et vouloir une politique libre dans des élections libres?

« Cette disparition du candidat parisien est un fait extérieur qui ne fait que traduire au dehors l'état intime des partis. Ils ne se sont pas relevés de la décomposition produite par la campagne d'Italie, laquelle arborait le droit des peuples, la déchéance de l'Autriche, la réduction du pouvoir temporel des papes. Cela ne s'applique, je le sais, qu'aux partis avancés; mais il est bien connu que les autres partis sont des états-majors sans soldats, qu'ils n'ont ni prestige ni ressort pour agir sur les masses, et pour entraîner à leur suite l'armée du suffrage universel.

« Ainsi les partis ne sont pas organisés. Mais le fussent-ils comme ils l'étaient en 48, on voit par cet exemple que, même en cet état, ils n'ont pas des produits électoraux bien subversifs. Vous me direz que cette assemblée fit acte de parti, acte révolutionnaire, en adoptant et proclamant la République. Pas le moins du monde; cette assemblée montra seulement que la France ne voulait pas livrer bataille à la capitale : ce qui était faire acte de conservation relative. Il ne faut pas croire qu'une assemblée se porte volontiers aux mesures extrêmes et révolutionnaires. Celle de 48, nommée librement par les partis, fut indépendante de ses électeurs et de ses circonstances natales. Elle gouverna comme elle put la tempête qui sévissait : elle la maîtrisa toutefois, et suffisant aux nécessités du jour, elle fit des lois qu'on ne peut accuser d'avoir chargé et embarrassé l'avenir par un déploiement de principes dangereux, par l'intempérance des promesses.

« On a vu là que des partis organisés, même triomphants, ont le respect de ce qui est établi, quand ces partis se criblent, s'expriment par des mandataires; et quand ces mandataires eux-mêmes fonctionnent à Paris, où règne plus d'une atmosphère; où les idées les plus diverses se rencontrent et quelquefois s'entament les unes les autres; où le point d'arrivée corrige le point de départ; où de nouvelles idées, de nouveaux contacts attendent et modifient les produits bruts de l'élection populaire.

« De là il est permis de conclure que le gouvernement ne courrait aucun risque à laisser les élections libres, quand telles sont les suites historiques de la plus grande liberté connue en ces matières. Le risque serait plutôt de maintenir les candidatures officielles et tout ce qui s'ensuit de pression administrative, de contraintes variées, mettant ainsi à la portée des électeurs le seul grief peut-être qu'ils soient capables de ressentir. Le gouvernement serait bien inspiré d'interrompre cette pratique, laquelle, sans autre grief, par sa seule déplaisance pourrait soulever les campagnes elles-mêmes contre le préfet et contre ces agents subalternes, qui ne sont pas des instruments de précision, qui sont sujets à passer toute mesure, impopulaires comme le commandement et l'insulte. On pourrait citer telle élection (celle d'Indre-et-Loire) où le candidat du préfet s'est brisé contre un soulèvement d'antipathie et de moquerie, et cela malgré l'appui clérical, ce qu'il faut noter en passant. Mais le point à relever entre tous, le trait déplorable, ce serait que l'administration cessât de faire peur et commençât à être ridicule. L'administration française touche à ce dénoûment. On demande la permission d'insister sur l'imprudence qu'il y aurait à exercer sur les électeurs cette pression sans relâche qu'on a vue jusqu'à présent ; ils finiraient par en être froissés quelque jour et cela pourrait bien avoir des conséquences démesurées. Le jour où ce pays serait capable de résister à la pression administrative, il résisterait, il échapperait à tout. L'effort nécessaire contre un tel obstacle est un effort si violent qu'il n'atteint pas le but sans le dépasser. On le vit bien à ces fameuses élections de 1827 dont il est inutile de rappeler l'esprit et les suites. Il y aurait moins d'inconvénient pour le pouvoir à agir sur les élus, accessibles qu'ils sont de mille manières, que sur les électeurs, auprès desquels le gouvernement est mal représenté par des agents dont le zèle est terrible, très-propre à dégoûter le pays.

« Aujourd'hui que les partis sont incapables de maîtriser les élections, si le pouvoir de son côté renonçait à les gouverner, une seule chose est à prévoir, le triomphe des influences locales. Le pays sous ces influences nommera-t-il ce qu'il a de mieux et se fera-t-il représenter par un élite, par une aristocratie naturelle ou acquise ? c'est un point douteux; mais à coup sûr, ces influences ne s'exerceraient pas d'une façon alarmante pour la société et pour la dynastie, elles n'iraient pas chercher des hommes de secte et de parti pour les représenter. Où prendraient-elles cette chimère, cette colère inconnue aux localités ? Le trait distinctif de ces élus serait une certaine ardeur de contrôle financier ; mais c'est le moindre inconvénient auquel puisse s'attendre un pouvoir qui ne professe pas l'absolutisme, qui laisse à côté de lui des assemblées représentatives. A Paris, d'ailleurs, ces députés tout locaux perdraient la base étroite de leur point de départ ; ils seraient élargis et développés par le contact des personnages, par le groupement et l'éducation des salons. Paris ne faisant plus les élections ne laisserait pas que de modérer les élus.

« Ainsi ni questions menaçantes dont la dynastie soit l'objet, ni partis organisés prêts au renversement ; rien qu'une situation indécise, un gouvernement irrésolu, une opinion inquiète, partout cette défiance qui tient à ce que le gouvernement et le pays ignorent leurs pensées respectives, et se tiennent par là en suspicion, en échec. Conseiller au pouvoir un changement de politique ne servirait à rien ; il faudrait indiquer la nature du changement. Pour l'indiquer il faudrait la savoir : or, c'est ce qui fait défaut à tout le monde. Reste un seul parti, qui est d'apprendre et pour cela d'interroger. Des élections libres éclaireraient tout.

« On peut supposer que le pays n'a pas d'opinion, par perplexité ou par indifférence ; que librement consulté, il ferait des choix libres et insignifiants ; que le gouvernement ne recevrait de là aucune impulsion, et qu'il n'y aurait rien de changé à l'état actuel des choses, c'est-à-dire à une crise d'incertitude et d'irrésolution. — Pardon : le changement serait considérable et la crise aurait son terme. Que le pays ait ou n'ait pas d'opinion, que le choix de ses mandataires ait un sens ou n'en ait pas, il y aurait au moins ceci de gagné pour la concorde politique, que le pays serait seul responsable de sa destinée, que la responsabilité du gouvernement serait couverte, son personnage irréprochable, sa conduite, active ou passive, justifiée, soit par la volonté exprimée du pays, soit par le néant de cette volonté, et par le blanc-seing qui en résulterait pour le gouvernement.

« A ce compte, et dans ce dernier cas, le gouvernement aurait la plus éclatante confirmation de son principe et de ses actes soit dans l'avenir, soit pour le passé. Il aurait, de plus, pour avoir usé d'élections libres, le prestige inouï d'une chose qui ne s'est jamais vue, jamais tentée en ce pays ; par où la grandeur, qui est le vrai titre français des dynasties, s'ajouterait à la solidité. — « *Il y a*, disait un moraliste du siècle dernier, *il y a des actions nobles, utiles, courageuses et toutefois sans danger dont un homme d'esprit ne laisse pas échapper l'occasion...*

— Telles seraient les élections libres. Ce machia-vélisme de Duclos en vaut bien un autre, et le génie, Sire, ne saurait être moins clairvoyant que l'esprit. »

Je ne donne pas ce préfet pour un paysan du Danube. J'ai idée cependant qu'on le *créera patrice*, chargé de l'administration de son département... tout en négligeant ses conseils.

Paris. A. PARENT. imprimeur de la Faculté de Médecine, rue M.-le-Prince, 31.